Mit herzlichen Segenswünschen

Martin Hüls

Heimat

Wo das Herz zu Hause ist

Agentur des Rauhen Hauses Hamburg

„Durch diese Gasse bin ich immer zur Schule gegangen, da unten, das war mein erstes Tor zur Welt"

Heimat – mehr als ein Ort

Heimat – schon das Wort allein gibt uns ein wohlig-warmes Gefühl, manchmal gewürzt mit einer Spur von bittersüßer Erinnerung. Der Ort der Kindheit, das Zuhause, vertraute Menschen, alte Lieder – all das kann dazugehören.

Aber was ist das eigentlich – Heimat? Rein sprachlich betrachtet, war es ursprünglich ein Neutrum: *das* Heimat, ein nüchternes Kanzleiwort, das Herkunfts- und Bleiberechte, dann auch Besitzverhältnisse regelte.

So ganz anders klingt uns *die* Heimat im Ohr, wie sie sich als weiblicher Begriff in unserer Sprache eingebürgert hat. Sie ist wie eine Mutter, ohne die man nicht herangewachsen wäre – die man aber doch verlassen muss, um ein eigenständiger Mensch zu werden.

Im gesprochenen Wort nimmt sie Gestalt an. Über die eigene Heimat weiß jeder und jede eine Geschichte zu erzählen. Auch wenn Zeit und Ort in weiter Ferne liegen – in der Erinnerung ist sie tief verankert und bleibt ein Teil von uns.

Geschichten, die von Heimat erzählen, handeln meist von einem Verlust oder – wenn sie gut aus-

Und Gott gab uns
das Wort
und wir wohnten
im Wort

Rose Ausländer

gehen – von der glücklichen Wiederentdeckung eines Gefühls der Zugehörigkeit. Auch wenn die Vergangenheit dabei eine große Rolle spielt, ist die Heimatliebe doch kein Museum. Sie ist ein lebendiges Gefühl, das ein Leben lang in Bewegung bleibt und den Wandel der Zeiten mitgeht. Wie stark diese Empfindung ist, wissen wir aus ihrem Gegenstück, dem Heimweh, das selbst Erwachsene untröstlich machen kann.

Heimat bedeutet zu wissen, wo wir hingehören. „Heimat ist da, wo man sich nicht erklären muss", sagte der evangelische Theologe und Goethe-Zeitgenosse Johann Gottfried Herder.

Für Christen schließlich liegt Heimat auch in der Verankerung ihres Lebens in einem tragenden Grund, in Gott. Und auch hier ist es ein lebendiges Vertrauen, das durch Höhen und Tiefen mitgeht.

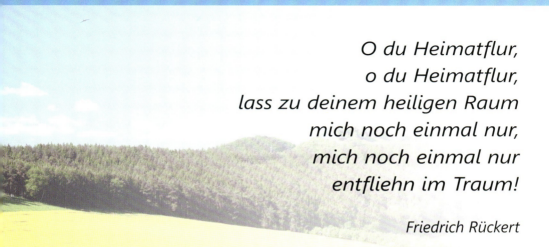

O du Heimatflur,
o du Heimatflur,
lass zu deinem heiligen Raum
mich noch einmal nur,
mich noch einmal nur
entfliehn im Traum!

Friedrich Rückert

Wurzeln und Flügel

Sobald ein Neugeborenes das Licht der Welt er-
blickt hat, sucht es den Augenkontakt mit seiner
Mutter. Auch beim Stillen äugt es umher, bis sich
sein Blick mit ihrem trifft und daran festhaftet. Tief
schaut es in die mütterlichen Augen: ein Augen-
Blick inniger Verbundenheit. In diesen unendlich
kostbaren Momenten entsteht, was wir als Urver-
trauen bezeichnen: die erste, frühkindliche Erfahrung von Beheimatung.
Dieses Gefühl inniger Vertrautheit wird der heran-
reifende Mensch wie ein Versprechen in sich tra-
gen. Er wächst in die Welt hinein im Wissen, dass
sich eine solche Erfahrung unter anderen Bedin-
gungen wiederholen lässt. Das gibt ihm Sicherheit.

„Was für ein unfassliches Glück,
so geliebt und geborgen in die Welt
hineinzugehen"

So findet er Kraft und Selbstvertrauen, sein Leben und die eigene Umgebung aktiv zu gestalten. Nur wer Wurzeln hat, kann fliegen.

In Zeiten der Unsicherheit, an Schnittstellen des Lebens, die uns große Entscheidungen abverlangen, können wir Heimatgefühl „auftanken". Die Erinnerung an Zeiten und Orte, die uns einmal dieses Gefühl der Geborgenheit gegeben haben, kann Nahrung für die Seele sein. Und wenn es uns gelingt, an diese Erfahrung anzuknüpfen, entsteht es neu: das starke und sichere Gefühl für uns selbst, das uns in die Zukunft trägt.

*Man muss weggehen können
und doch sein wie ein Baum:
als bliebe die Wurzel im Boden*

Hilde Domin

„Das Haus war alt und
zugig, aber für uns war es
die Mitte der Welt"

Frieda fährt nach Hause

Der lange Winter hat Frieda schwer zu schaffen gemacht. Alles wird ihr zu viel, das Treppensteigen, die große Wohnung. Michael, ihr Ältester, versucht ihr gut zuzureden: Du hast doch uns, wir helfen, wo wir können. Aber was weiß der Junge mit seinen sechzig Jahren schon vom Alter?

Doch zu ihrem Geburtstag hat Michael eine besondere Überraschung: Sein Geschenk ist eine Fahrt in das Dorf ihrer frühen Kindheit. Damit sie auf der langen Reise gut sitzt, wird er ein extra bequemes Auto ausleihen.

Mächtig aufgeregt ist sie, als er am verabredeten Tag endlich vorfährt. Wie es wohl heute aussieht, das Haus am Ortseingang, in dem sie aufgewachsen ist? Zur Sicherheit hat sie ein Foto aus ihrem Album herausgelöst und mitgenommen.

Sie sind schon eine ganze Weile unterwegs, da sagt Frieda unvermittelt: „Was wohl aus Lore geworden ist."

„Lore?", fragt Michael.

„Mit der Lore sind wir im Sommer immer in den Bäumen hinter dem alten Schuppen herumgeklettert. Dass mir das ausgerechnet jetzt einfällt. Lore und ich, wir waren die besten Freundinnen. Bis sie dann wegzog. Die kleine Grete, deine Tante Annegret, war natürlich auch immer dabei, ich musste ja auf sie aufpassen. Aber glaub bloß nicht, dass wir immerzu nur gespielt haben. Wir haben ganz schön mit angepackt damals."

Dann verfallen sie in Schweigen. Frieda hängt ihren Gedanken nach.

Schließlich setzt Michael den Blinker und sagt: „Ich glaube, wir sind da. Aber es sieht überhaupt nicht so aus, wie du es beschrieben hast."

Er hilft Frieda aus dem Auto. Sie blickt sich um. Kein Haus, kein Schuppen, keine Bäume. Stattdessen ein Riesenparkplatz und ein Einkaufszentrum. Sie betrachten das Foto. Doch, dort drüben der Kirchturm – hier muss es sein. Michael schaut betreten.

Am Rand des Parkplatzes steht eine Sitzbank. Ein wenig wackelig in den Beinen, steuert Frieda darauf zu. „Lass mich einen Moment hier sitzen."

„Dann kaufe ich jetzt mal was zum Knabbern für die Fahrt und frage mal an der Kasse. Vielleicht sind wir ja doch falsch", sagt Michael verlegen und trabt davon.

Der Asphalt flimmert im Licht. Die Sitzfläche ist angenehm warm. Frieda schließt die Augen. Allmählich tritt das Geräusch der an- und abfahrenden Autos zurück. Frieda fühlt die rauen Bretter der Bank, dann riecht sie plötzlich das sonnenverbrannte Holz des alten Schuppens. Mit Grete an der Hand, Lore vorweg, stapft sie durchs hohe Gras zu den Bäumen hin. Sie helfen Grete in die Astgabelung hinauf und klettern hinterher. Dann lassen sie sich vom Wind wiegen und betrachten im Rauschen der Blätter die Wolken, die in immer neuer Gestalt übers Dorf hinwegziehen.

Die Mutter ruft. Es ist Zeit, die Enten zu füttern. Nach dem Abendbrot hilft Frieda der kleinen Grete beim Auskleiden. In der Dämmerung liegt sie noch lange wach. Das Fenster steht offen, sie riecht den zu Ende gehenden Sommer, lauscht den Wispergeräuschen der Nacht, hört den vertrauten Stundenschlag der Kirchturmglocke.

„Die Jungen wollen immer
hinaus ins Leben, die Welt
entdecken“

„Tja", sagt eine Stimme, und Frieda fährt hoch. „Vor über zwanzig Jahren haben sie hier alles abgerissen für das Einkaufszentrum. Das tut mir leid, bestimmt bist du jetzt sehr enttäuscht."

„Aber warum sollte ich denn enttäuscht sein?", fragt Frieda.

„Na, weil das doch jetzt alles nicht mehr da ist."

„Aber – es *ist* doch noch alles da", erwidert Frieda, und ein feines Lächeln umspielt ihre Mundwinkel. „Ja, es ist alles noch da. Und übrigens", fügt sie mit fester Stimme hinzu: „Mach dir keine Sorgen. Ich komme schon zurecht zu Hause. Es geht eben alles langsam voran. Aber es ist alles gut."

*Die Erinnerung ist das einzige Paradies,
aus dem man nicht
vertrieben werden kann.*

Jean Paul

Halt an, wo läufst du hin,
der Himmel ist in dir:
Suchst du Gott anderswo,
du fehlst ihn für und für.

Angelus Silesius

Heimat im Glauben

Das Paradies, die Heimat, die Gott für die Menschen vorgesehen hatte, haben sie aus Ungehorsam verloren. Mit der Vertreibung von Adam und Eva aus dem Garten Eden nimmt eine Bewegung ihren Anfang, die die ganze Bibel durchzieht. Immer wieder ruft Gott die Menschen aus dem Bestehenden heraus. Einzelne wie Abraham verlassen ihren Wohnort; das ganze Volk Israel wird auf den Weg geschickt in ein unbekanntes Land.

Im Neuen Testament setzt sich diese Bewegung fort. Auch Jesus holt die Menschen aus ihren gewohnten Kreisen. Die Apostel geben ihre Berufe auf. So manche lassen alles hinter sich und machen sich mit ihm auf den Weg. Die Tragweite einer solchen Entscheidung kann nur einschätzen, wer die damaligen Lebensverhältnisse einbezieht. Der Mensch definierte sich selbst über seine Herkunft – den Geburtsort, weit mehr aber noch über seine Großfamilie. All diese Bindungen aufgeben heißt so viel wie sich selbst aufgeben, den Boden unter den

Und der Herr sprach zu Abram:
Geh aus deinem Vaterland
und von deiner Verwandtschaft
und aus deines Vaters Hause
in ein Land,
das ich dir zeigen will.

1. Mose 12,1

*Jesus spricht: Wer mich liebt,
der wird mein Wort halten;
und mein Vater wird ihn lieben,
und wir werden zu ihm kommen
und Wohnung bei ihm nehmen.*

Johannes 14,23

Füßen verlieren im Vertrauen auf den neuen, festen Grund in Jesus und eine neue Heimat in Gott finden.

Von sich selbst sagt Jesus: „Die Füchse haben Gruben und die Vögel unter dem Himmel haben Nester; aber der Menschensohn hat nichts, wo er sein Haupt hinlege" (Matthäus 8,20). Er nennt sich „Weg", „Wahrheit" und „Leben" (Johannes 14,6), nicht aber „Haus", „Zelt" oder dergleichen, was wir mit unserer landläufigen Vorstellung von Beheimatung verbinden könnten.

Der Hebräerbrief bringt es dann noch einmal auf den Punkt. Er schildert Leben und Glauben als eine Abfolge von Aufbrüchen und Wanderungen. Über die Väter des Alten Testaments lesen wir: „Diese alle sind gestorben im Glauben und haben das Verheißene nicht erlangt, sondern es nur von ferne gesehen und gegrüßt und bekannt, dass sie Gäste und Fremdlinge auf Erden sind." Wer in Christi Nachfolge tritt, bekennt: „Wir haben hier keine bleibende Stadt, sondern die zukünftige suchen wir." (Hebräer 11,13; 13,14)

Die wahre Heimat der Christen ist nicht von dieser Welt, sagt die Bibel. Das bedeutet nicht, dass wir die irdische Heimat nicht wertschätzen sollten. Es bedeutet aber, dass die Bereitschaft zum Aufbruch, zum Weitergehen, immer stärker sein soll als die Bodenhaftung.

„Ich weiß nicht, wie es heute dort aussieht, aber dieses Bild hat sich mir ins Herz geprägt"

Heimat im Gegenüber

Wenn die wahre, letzte und bleibende Heimat bei Gott ist, dann soll das nicht etwa heißen, dass Christen in ihrem Erdenleben heimatlos bleiben müssten. Nur sollten wir uns davon lösen, Heimat als einen Ort zu begreifen, womöglich einen fernen Ort in einer anderen Zeit, als alles besser war. Beheimatetsein hat viel mehr zu tun mit guten, verlässlichen, geglückten Beziehungen unter den Menschen – biblisch gesprochen: dem Miteinander im Zeichen der Liebe.

Der Theologe Bernhardin Schellenberger spricht in diesem Zusammenhang von der „Heimat im Du". Als Beispiel führt er das Bild von Petrus an, der auf dem Wasser des Sees Genezareth auf Jesus zuläuft.

Solange Petrus sein Gegenüber fest im Blick hat, trägt ihn das Wasser. Sobald er aber den starken Wind sieht, geht er unter. Das Einzige, was ihn hält, ist das Du.

Heimat im Du ist nichts Bleibendes, fest Gefügtes, so wie menschliche Beziehungen nicht einfach „sind". Sie wollen immer wieder gepflegt, erneuert, mit Leben erfüllt sein – mit Liebe und Verständnis, mit Achtsamkeit und Zuwendung, mit Barmherzigkeit und Verzeihenkönnen.

> *Zuhause ist da, wo man dich wieder aufnimmt, auch wenn du etwas falsch gemacht hast.*
>
> Christian Morgenstern

*Freunde sind nie heimatlos,
denn der eine wohnt
in des anderen Herz.*

Rabindranath Tagore

Eine Liebesgeschichte

Eines der kürzesten Bücher des Alten Testaments, das Buch Rut, erzählt in berührender Weise von der Notwendigkeit, Heimat aufzugeben, und der Bereitschaft, Fremdheit auf sich zu nehmen – um eines anderen Menschen willen.

Die Israelitin Noomi flieht mit ihrem Mann und den beiden Söhnen vor einer Hungersnot nach Moab in die Fremde. Zehn Jahre später steht sie vor einem Scherbenhaufen. Früh schon hat sie ihren Mann verloren, und nun sind auch die Söhne, die in moabitische Familien eingeheiratet haben, gestorben.

Mit ihren zwei Schwiegertöchtern kehrt Noomi zurück in ihre angestammte Heimat. An der Grenze will sie die beiden zurückschicken; die Ältere geht, die Jüngere, Rut, bleibt bei ihr mit den Worten: „Wo du hingehst, da will ich auch hingehen; wo du bleibst, da bleibe ich auch. Dein Volk ist auch mein Volk." (Rut 1,16)

Nun entfaltet sich zwischen den Frauen eine ganz besondere Beziehung. Beide sind verwitwet, also schutzlos, Rut ist darüber hinaus Ausländerin. Noomi leidet an ihrem Verlust, und sie ist zu alt, um sich selbst zu ernähren. Beide Frauen ergänzen einander in ihren Stärken und Schwächen. Rut geht auf den Acker, liest Ähren und versorgt ihre Schwiegermutter. Die wiederum verhilft Rut zu einem Ehemann.

Für diese zwei Frauen haben Liebe, Respekt und Fürsorglichkeit alle Grenzen überwunden, die gewöhnlich durch Herkunft, Religion und Kultur gezogen sind. Sie haben Heimat aneinander gefunden.

Am Brunnen meiner Heimat
steht ein Engel.
Der singt das Lied meiner Liebe,
Der singt das Lied Ruths.

Else Lasker-Schüler

Heimat gestalten

Die Geschichte vom alten Mann und den Bäumen hat sich zwar nie wirklich zugetragen, aber sie ist so berührend, dass sie bis heute in immer neuen Varianten nacherzählt wird und inzwischen, in zahllose Sprachen übersetzt, um die ganze Welt gegangen ist.

Die Geschichte handelt von einem Bauern, der Frau und Sohn verloren hat und sich in die Einsamkeit im französischen Süden zurückzieht. Die Gegend ist verkarstet, die Dörfer halb verfallen. Wer kann, geht woanders hin.
Der Mann erkennt, dass die Landschaft vollends absterben wird, wenn hier keine Bäume wachsen.

Er sammelt Eicheln, füllt sie in einen Rucksack, greift sich einen Eisenstab und zieht los. An Stellen, die ihm geeignet erscheinen, bohrt er mit dem Stab ein Loch in den ausgetrockneten Boden, lässt eine Eichel hineinfallen und verschließt das Loch mit Erde. Dies tut er hundert-, tausend-, zehntausendfach.

Unbeirrt folgt er seiner Idee. Die Veränderung kommt fast unmerklich. Eine Laune der Natur, denken die Jäger, die feststellen, dass hier und da ein Baum heranwächst.

Mit Geduld und Beharrlichkeit und mit guter Gesundheit gesegnet, gelingt es dem Mann, im Laufe einiger Jahrzehnte einen riesigen Wald zu schaffen. Es bleibt nicht bei den Eichen, später kommen Ahornbäume, Buchen, Birken, Erlen und Ebereschen hinzu.

Die Wurzeln halten das Erd-
reich fest, das zuvor vom Re-
gen ins Tal gespült worden
war, die Bachbetten führen
wieder regelmäßig Wasser,
Wiesenblumen siedeln sich
an, Insekten und Vögel keh-
ren zurück. Und die Menschen
kommen wieder, entdecken
diese wunderschöne Gegend
neu: Sie bauen die zerfallenen
Dörfer wieder auf und errich-
ten neue Häuser. Als der alte
Mann hochbetagt stirbt, hinterlässt er ein wahres Paradies, das den Menschen eine
neue Heimat wird.

*Wer seine Heimat wirklich liebt,
arbeitet unablässig daran,
dass sie es ist und bleibt.*

Guy de Maupassant

„Damals hatte ich wirklich das Gefühl, dass Menschen, Tiere, Pflanzen – dass alles eins und miteinander verbunden ist"

Heimat bewahren

„Ich bin ein Gast auf Erden, / und hab hier keinen Stand; / der Himmel soll mir werden, / da ist mein Vaterland." Wahre Heimat, so Paul Gerhardts Überzeugung, ist in dieser Welt nicht zu haben. Dieses weltflüchtige Denken wurzelt in einer Zeit, die von Krieg, Hunger und Seuchen geprägt war. Uns ist es fremd geworden. Wir denken eher sorgenvoll an die Spuren, die der Gast hinterlässt. Genau darum geht es auch Gerhard Schöne, einem christlichen Liedermacher unserer Tage: „Ich bin ein Gast auf Erden, / versuch mich dann und wann / als Hausherr zu gebärden, / der alles machen kann. / Dann sterben Wälder, Meere, dann bleibt kein Lüftchen rein, / dann gehen ganze Heere von andern Gästen ein."

Die Erde ist uns anvertraut, und wir „haben sie als gute Familienväter den nachfolgenden Generationen verbessert zu hinterlassen". Dies schrieb ausgerechnet der Kritiker des Christentums Karl Marx, der wie kein anderer die zerstörerischen Folgen unseres kapitalistischen Wirtschaftens vorhergesehen hat.

Unsere unmittelbare Umwelt kann uns zur Heimat werden. Dazu gehört das Wissen, dass wir weder die Ersten sind noch die Letzten. Heimat kann entstehen, wenn wir ein schöpferisches und fürsorgliches Verhältnis zu ihr entwickeln. Wenn wir das Liebesgebot Jesu von unserem Nächsten auf die ganze Schöpfung übertragen. Wenn wir unseren Kindern und Kindeskindern den achtsamen Umgang mit unseren Lebensgrundlagen vorleben.

Die Hoffnung ist ein winziges Samenkorn. So eröffnet auch Gerhard Schönes Lied, dessen Beginn so voller Bitternis ist, eine hoffnungsvolle Perspektive: „Ich bin ein Gast auf Erden. / Ich weiß, es muss so viel / bis morgen anders werden, / und ferne liegt das Ziel. / Will's mit in Ordnung bringen, / will stillen manches Weh, / mein schönstes Danklied singen, / bevor ich von ihr geh."

Heimat heißt zu wissen,
woher man kommt.
Heimat heißt zu wissen,
wohin es geht.
Diese beiden Arten des Wissens aber
gehören zusammen.

Fulbert Steffensky

Abendsegen

Möge Gott
seinen Segen
wie ein bergendes Zelt
über dir ausspannen

damit du Frieden findest
und Kraft schöpfst
für den nächsten Tag
und für alle Tage
deines Lebens

Der Autor

Martin Hüls, Jahrgang 1962, war als Lektor und Redakteur in verschiedenen Verlagen tätig, in jüngerer Zeit arbeitet er freiberuflich. Im Ehrenamt hat er langjährige Erfahrungen in der Gemeindearbeit und Erwachsenenbildung.

Textnachweis

Die Bibelzitate sind entnommen aus: Lutherbibel, revidierter Text 1984, durchgesehene Ausgabe in neuer Rechtschreibung, © 1999 Deutsche Bibelgesellschaft, Stuttgart.

Bildnachweis

Titel: © iStockphoto.com/Johan Ramberg; **Seite 4, 11, 14, 19, 29, 42 Hintergrund:** © modify260/Fotolia.com; **Seite 4:** © mojolo/Fotolia.com; **Seite 8/9:** © panthermedia.net/Andre Helbig; **Seite 11:** privat; **Seite 12/13:** © kichigin19/Fotolia.com; **Seite 14:** © iStockphoto.com/Dieter Hawlan; **Seite 19:** privat; **Seite 20/21:** © iStockphoto.com/sabrinabehringer; **Seite 22/23:** © serjiob74/Fotolia.com; **Seite 24:** © Bill Perry/Fotolia.com; **Seite 29:** privat; **Seite 32/33:** © Laurentiu Iordache/Fotolia.com; **Seite 36/37:** © iStockphoto.com/nikoniko_happy; **Seite 40/41:** © Huber/pixelio.de; **Seite 42:** © panthermedia.net/kuco; **Seite 46/47:** © yotrakbutda/Fotolia.com

© Agentur des Rauhen Hauses Hamburg 2017

Druck: Max Siemen
Satz und Gestaltung: Anne Kuhn, Ludwigsburg

ISBN 978-3-7600-0926-1
Best.-Nr. 1 0926-1